COMPRENDRE
LA LITTÉRATURE

SHAKESPEARE

Roméo et Juliette

Étude de l'oeuvre

© Comprendre la littérature.

22 rue Gabrielle Josserand - 93500 Pantin.

ISBN 978-2-75930-078-5

Dépôt légal : Septembre 2023

Impression Books on Demand GmbH

In de Tarpen 42

22848 Norderstedt, Allemagne

SOMMAIRE

- Biographie de Shakespeare..................................... 9
- Présentation de *Roméo et Juliette*............................ 13
- Résumé de la pièce.. 17
- Les raisons du succès.. 31
- Les thèmes principaux... 35
- Étude du mouvement littéraire................................ 43
- Dans la même collection....................................... 49

BIOGRAPHIE DE SHAKESPEARE

On suppose que William Shakespeare est né le 26 avril 1564 (c'est la date de son acte de baptême) à Stratford-upon-Avon dans le centre de l'Angleterre. Il est fils d'un gantier prospère et conseiller municipal et d'une bourgeoise.

Le jeune garçon va à l'école où il reçoit une formation élémentaire, apprenant la langue et la littérature latine, l'histoire et la rhétorique. Il en est néanmoins retiré assez tôt pour aider son père dans ses affaires. Il épouse Anne Hathaway à 18 ans.

Il s'installe ensuite pour vivre à Londres, mais on ignore aujourd'hui ce qu'il fit pendant les années qui séparent son mariage de son installation dans la capitale ou les raisons de ce changement. Peut-être s'est il engagé dans une troupe de théâtre, peut être a-t-il été instituteur ou valet d'écurie selon les sources. On sait néanmoins que sa femme a trois enfants baptisés à Stratford durant cette période.

C'est à Londres qu'il porte sur la scène ses premières œuvres théâtrales. Il commence par mettre en scène des reprises d'autres œuvres puis sa première véritable pièce, *Henry VI* en 1591. Il débute au théâtre en tant qu'acteur, métier pour lequel il ne se trouve pas très doué, participe à plusieurs troupes, puis, dès 1594, écrit exclusivement pour la troupe de Lord Chamberlain, du nom de son mécène, le ministre responsable des divertissements royaux. Il occupe donc un poste très prestigieux. La troupe rencontre un grand succès et finit par devenir troupe permanente du théâtre du Globe à Londres.

En raison de ce succès, Shakespeare devient rapidement assez fortuné. Il achète une propriété à Londres, mais, ne perdant jamais le contact avec sa famille, la reloge également dans une demeure plus grande de Stratford. Il partage son temps entre ces deux villes où il est, dans l'une père de famille, et dans l'autre, l'auteur le plus en vogue de la scène londonienne.

Il prend enfin sa retraite vers 1611, fatigué de la vie de

la capitale ou poussé par sa femme à une stabilisation. Mais ses dernières années de vie sont pourtant assez mouvementées en raison de divers démêlés judiciaires. Il meurt à 52 ans le 23 avril 1616 et est enterré dans sa ville natale.

Sa vie et sa mort, probablement à cause de son immense renommée, de la différence de style ou d'écriture de son patronyme selon les textes et du manque d'informations qui nous sont parvenus, sont aujourd'hui entourées d'un certain mystère. Certains prétendent par exemple que des manuscrits inédits seraient enterrés avec lui dans sa tombe. De plus, comme les textes joués n'étaient pas toujours publiés, le texte ne jouissait pas à l'époque de l'intégrité qu'il a aujourd'hui. Il était fluctuant et pouvait changer d'une troupe à l'autre. Pendant les représentations, certains tentaient même parfois de retranscrire le texte qui était dit pour se l'approprier et le faire jouer par leur propre troupe. Il est donc très difficile d'avoir une idée claire de l'identité véritable de Shakespeare et de ses textes. D'autres disent qu'il fut un espion à la solde de la reine Elizabeth, comme Marlowe à la même époque. Selon certaines rumeurs même, il n'aurait pas existé, ou serait le nom d'un collectif d'écrivains. D'autres prétendent qu'il s'agirait en réalité d'une femme. En tout, une cinquantaine d'écrivains s'est vu attribuer la paternité potentielle des œuvres de Shakespeare. Néanmoins, aucune de ces rumeurs n'est avérée et même si la paternité de certaines de ses œuvres semble discutable, Shakespeare a très probablement existé et donné à la scène anglaise sa plus belle production théâtrale.

PRÉSENTATION DE ROMÉO ET JULIETTE

Si ce n'est l'histoire d'amour la plus célèbre d'Occident, *Roméo et Juliette* est tout du moins la pièce la plus connue de Shakespeare. Comme l'écrivain n'a signé aucune des pièces de théâtre éditées de son vivant, il est très difficile de dater la production de celle-ci. Néanmoins, par proximité stylistique avec certaines autres de ces œuvres, on suppose qu'une première version de la pièce aurait été rédigée vers 1591, puis remaniée vers 1595. La première édition parait en 1597, mais la version qui nous est parvenue aujourd'hui date d'une édition de deux ans postérieure. La date de la première représentation de l'œuvre est inconnue, mais la pièce rencontre déjà un succès considérable du vivant de son auteur.

Le grand succès de la pièce qui a connu une postérité sans précédent, tient d'abord à ses thèmes et à sa grande maîtrise dramatique. *Roméo et Juliette*, intitulé « La très excellente et très pitoyable tragédie de Roméo et Juliette » dans les in-quartos shakespeariens, est une histoire d'amour passionnel. Elle joue avec les thèmes de l'amour, de la mort, de la fougue de la jeunesse et suit une organisation dramatique très aboutie. Malgré son appellation de « tragédie », la première partie de la pièce avec ses jeux de mots grivois, ses querelles amusantes et ses démêlés amoureux un peu convenus, a tout de la comédie. Jusqu'au bout, on peut encore croire à la possibilité d'une amélioration et l'espoir n'est déçu qu'à la toute fin de la pièce avec la mort des amants. Shakespeare entretient donc un suspens continuel qui repose sur des jeux constants de retour de l'espoir et d'effets déceptifs.

Il y expose également toute la brillance de son style, faisant alterner les passages en prose, les disputes d'éloquence, véritables joutes verbales aussi intellectuelles qu'amusantes, les discours amoureux enflammés et les sonnets, comme par exemple dans les prologues et à la rencontre des deux amants.

La pièce est aujourd'hui un monument théâtral qui a donné lieu à une large inspiration.

RÉSUMÉ DE LA PIÈCE

N.B. : Contrairement à la tradition dramatique française, les scènes dans le théâtre anglais ne sont pas définies par l'entrée ou la sortie d'un personnage. Dans chaque scène, il convient donc d'être très attentif aux allées et venues de tous les personnages.

Prologue

Le prologue est une annonce sous forme de sonnet de ce que la pièce s'apprête à représenter. Ici, le cœur indique donc la situation : à Vérone, deux amants nés « sous une mauvaise étoile » s'aiment malgré la haine qui sépare leurs familles. Leur amour les destine donc à la mort, qui seule pourra éteindre les querelles ancestrales.

Acte I

Scène 1

Titillé par Grégoire, Samson s'échauffe et veut en découdre avec les Montaigu. Il explique que la haine ancestrale qui oppose leurs maîtres (ils appartiennent à la maison des Capulet), s'est transmise à leurs valets. Alors qu'ils rivalisent de jeux de mots grivois, deux valets de la maison des Montaigu apparaissent. Grégoire et Samson ne veulent pas les provoquer directement car c'est contre la loi de Vérone. Samson leur fait donc la nique. Le ton monte entre les deux groupes jusqu'à ce que les Montaigu déclarent le combat en apercevant Tybalt, un parent de leur maître devant qui ils veulent se faire bien voir en défendant l'honneur de leur maison. Benvolio, un Montaigu, intervient pour les séparer. Tybalt le provoque en duel à son tour et alors qu'ils se battent, des bourgeois interviennent pour faire cesser leur querelle dont ils sont fatigués. Ils sont rejoint par le vieux Capulet et le vieux Montaigu qui en dépit des demandes de leurs épouses veulent aussi entrer dans le combat. Le Prince arrive alors et prévient les deux familles que si une nouvelle rixe éclate entre elles dans la ville, elles seront soumises à la peine capitale. Il sort avec les Capulets et les valets. Le vieux Montaigu et sa femme questionnent Benvolio, le cousin de Roméo, sur l'origine de la querelle mais surtout sur Roméo, leur fils, qui n'a pas été aperçu de la journée. Il leur apprend que le jeune homme, s'isole sous un bosquet de sycomores, tout à ses sombres pensées. Ses parents s'interrogent sur les raisons de cette mélancolie et en voyant arriver Roméo, priant les parents de son cousin de se retirer, Benvolio se propose de le découvrir. Roméo lui confie que son humeur découle d'un mal d'amour non partagé. Il aime Rosaline qui a juré de rester chaste. Benvolio lui conseille d'abandonner cette passion sans espoir et de chercher ailleurs d'autres beautés qui le détourneront de la jeune femme. Roméo clame que cela est impossible. Son cousin se promet alors de lui payer cette « leçon » pour lui prouver qu'il a raison.

Scène 2

Pâris demande au vieux Capulet la main de sa fille Juliette. Son père la juge trop jeune car elle n'a que 13 ans et enjoint le jeune homme à lui faire la cour avant de décider de leur mariage. Il le convie à une fête qu'il donne le soir même afin qu'il puisse juger lui-même si aucune autre jeune fille n'attire son attention. Avant qu'ils ne quittent la scène, Capulet charge un serviteur d'inviter à la fête toutes les personnes dont le nom est écrit sur une liste qu'il lui tend. Resté seul en scène le serviteur se désole de ne pouvoir les lire. Il demande aux premiers gentilshommes qui passent de l'aider. Par hasard, il s'agit de Roméo et Benvolio qui en parcourant la liste, découvre que Rosaline est invité à la fête. Il souhaite la revoir et Benvolio juge l'idée judicieuse pour qu'il puisse la comparer aux autres beautés de Vérone qui seront là et voir qu'elle n'a rien de plus extraordinaire qu'une autre. Ils décident donc d'aller à la fête bien qu'ils n'y soient pas invités.

Scène 3

Lady Capulet souhaite s'entretenir avec sa fille Juliette sur le mariage. Le début de l'entretien est marqué par de longues tirades comiques de la nounou qui revient sur l'enfance de Juliette et s'attendrit sur sa protégée tout en agrémentant son parler populaire d'allusions grivoises. Lady Capulet enjoint sa fille à observer Pâris au cours de la fête et à juger de son amour et de sa personne. Sans être particulièrement emballée, Juliette promet d'obéir à sa mère. Appelées par un serviteur pour se joindre à la fête, elles quittent la scène à sa suite.

Scène 4

Roméo, son ami Mercutio et Benvolio vont à la fête sous des déguisements pour n'être pas reconnus (à l'époque, il était admis que des masques s'invitent pour divertir les invités quand il y avait une fête). Roméo pleure la douleur de l'amour mais Mercutio l'encourage à être plus volontaire. Il partage ensuite avec ses amis ses fantaisies imaginatives sur la reine Mab, le fée qui dispense les rêves et visite les dormeurs. Roméo l'interrompt dans ce qui est presque un délire. Pourtant il redoute de se hâter vers le bal, pressentant que cette nuit donnera à son destin une inflexion « funeste ».

Scène 5

Les serviteurs se bousculent pour préparer la salle de réception. En voyant arriver les masques, Capulet est satisfait et rappelle à son cousin leur propre jeunesse et les fêtes auxquelles ils assistaient. Roméo est alors frappé par la beauté de Juliette qu'il aperçoit. Tybalt le reconnait et veut en découdre, mais Capulet lui ordonne de ne rien tenter. Il se dit à Vérone beaucoup de bien de Roméo et il ne veut pas d'esclandre pendant sa fête. Tybalt est très en colère d'avoir été ainsi mouché et promet de punir cette intrusion dès qu'il le pourra. Roméo et Juliette compare l'amour à une pieuse adoration et finissent par échanger un baiser. Juliette est appelée par sa mère et Roméo apprend alors par la nourrice qu'elle est une Capulet et s'en désespère. Les masques sortent et la nourrice apprend à Juliette le nom de Roméo. Elle déplore à son tour le fait que son « unique amour » soit né de son « unique haine ».

Acte II

Prologue

Le chœur confirme l'amour réciproque de Roméo et Juliette et souligne leur impossibilité à échanger les promesses et les douceurs que partagent normalement les amants puisqu'ils sont ennemis héréditaires.

Scène 1

Roméo ne peut demeurer loin de Juliette plus longtemps et quitte ses amis pour la rejoindre. Ils l'appellent en vain. Mercutio tente de le faire reparaître en invoquant Rosaline mais ses allusions grivoises restent sans effet. Ne le trouvant pas, les amis de Roméo partent donc. Le jeune homme reste ainsi seul sous la fenêtre de Juliette qui ne tarde pas à paraître. C'est la fameuse scène du balcon. Sans être vue de Roméo, Juliette déplore le sort qui a voulu qu'elle aime un Montaigu et exprime toute son adoration pour Roméo. Celui-ci manifeste alors sa présence. Juliette craint pour sa sécurité et lui intime de partir. Les amants se jurent un amour fidèle. Juliette est rappelée par la nourrice mais avant de quitter son balcon, elle a le temps de dire à Roméo qu'elle lui enverra demain des informations relatives à un mariage, nécessaire pour qu'ils s'unissent, mais qui doit rester secret. Juliette sort et Roméo quitte la scène pour se rendre chez son confesseur.

Scène 2

Frère Laurent réfléchit aux vertus contradictoires d'une même plante qui peut à la fois tuer et guérir quand il est interrompu dans ses pensées par Roméo. Le jeune homme lui avoue alors son amour pour la fille des Capulet et lui demande de bénir leur union par les saints sacrements du mariage. Frère Laurent le réprimande pour son inconstance, hier encore en effet, il aimait Rosaline. Roméo lui explique qu'il ne pouvait pas aimer une femme qui restait froide à ses déclarations. Même s'il désapprouve cette inconstance, l'homme d'Eglise consent à cette nouvelle union dans l'espoir qu'elle éteindra les haines qui divisent les Montaigu et les Capulet.

Scène 3

Benvolio et Mercutio discutent de l'absence de Roméo. Benvolio suppose qu'un duel devrait avoir lieu entre Tybalt et Roméo car le premier a fait envoyer un billet chez Rosaline. Mercutio explique alors quel remarquable bretteur est

Tybalt. Il combat à l'épée avec beaucoup de dextérité. Roméo survient alors et satisfait ses amis par un regain de vivacité. Il se livre d'ailleurs à une joute verbale, vive et assez osée avec Mercutio. La nourrice arrive sur ces entrefaites, accompagnée d'un serviteur, Pierre, et à la recherche de Roméo. Les jeunes gens qui ne savent pas qui elle est la taquinent et en font la victime de leurs jeux de mots grivois. La nourrice s'indigne mais accepte finalement de transmettre à Juliette le message de Roméo : elle devra se rendre à confesse l'après midi même où frère Laurent les mariera. Elle l'assure de l'amour de Juliette qui poétise son prénom ce qu'elle a du mal à lui rapporter n'ayant pas l'âme très lyrique elle-même, ce qui produit plutôt un effet comique.

Scène 4

Juliette attend impatiemment le retour de la nourrice. Pourtant quand celle-ci rentre, elle ne satisfait pas immédiatement sa curiosité quant aux paroles de Roméo et fait durer le suspens en se plaignant de sa fatigue et en posant toutes sortes de questions triviales malgré l'insistance de Juliette. Elle lui apprend finalement que Roméo l'attend pour le mariage. Entre temps, la nourrice doit se procurer une échelle afin que Roméo rejoigne Juliette à la tombée de la nuit.

Scène 5

Juliette retrouve Roméo auprès du frère Laurent. Ils célèbrent leur bonheur et Laurent leur demande de le suivre pour prononcer le mariage.

Acte III

Scène 1

Benvolio prie Mercutio de se hâter car il pense que la chaleur qui règne dans Vérone rend les jeunes gens propices à l'agitation et il aimerait éviter de rencontrer des Capulet. Les deux jeunes hommes se lancent ensuite dans une discussion pour identifier lequel des deux est le plus prompt à l'emportement. Des Capulets, au nombre desquels se trouve Tybalt, arrivent alors. La chaleur monte entre Tybalt et Mercutio qui finit par dégainer son épée. Benvolio ne parvient pas à les séparer. En voyant arriver Roméo, Tybalt le provoque car c'est lui qu'il veut combattre. Mais Roméo tout à son amour pour Juliette, a trop de respect pour le nom des Capulet et ne répond pas à l'invitation. Mercutio ne peut tolérer ce calme qu'il voit comme une soumission et décide de livrer combat à Tybalt à sa place. Malgré l'intervention de Roméo, les deux hommes se battent et Tybalt blesse Mercutio sous le bras de Roméo qui s'est interposé avant de s'enfuir. Jouant son rôle de bouffon jusqu'au bout, Mercutio minimalise la gravité de sa blessure que ses amis ne mesurent pas immédiatement. Il quitte la scène après avoir répété « La peste soit de vos deux maisons » et Benvolio vient annoncer sa mort à Roméo resté seul en scène. Aveuglé par sa fureur et se sentant responsable de la mort de son ami, Roméo provoque Tybalt qui revient et le tue. Benvolio somme Roméo de fuir et alors que celui-ci quitte le lieu du crime, une troupe s'approche comprenant le Prince, les Montaigu et les Capulet. Benvolio explique au Prince ce qui s'est produit, que Tybalt a démarré la querelle et que Roméo a tenté de s'interposer, mais Lady Capulet refuse de croire un Montaigu et réclame justice pour son neveu. Un Montaigu doit mourir. Le Prince ne veut exécuter aucune vengeance, mais la loi veut que Roméo soit chassé de Vérone, sans quoi il sera exécuté.

Scène 2

D'abord seule, Juliette exprime son impatience de voir arriver Roméo et de s'unir à lui. La nourrice arrive alors et apprend à Juliette la mort de Tybalt et le bannissement de Roméo.
Juliette accuse d'abord son amant de duplicité tant elle souffre de la perte de son cousin, puis, entendant la nourrice se livrer aux mêmes imprécations, laisse éclater son amour toujours vif. Elle déplore ensuite cette situation dans une longue tirade, trouvant le bannissement de Roméo pire encore que toute annonce de mort. Juliette, se décrivant comme « vierge et veuve à la fois », demande à la nourrice de faire venir Roméo dans sa chambre cette nuit pour un dernier adieu.

Scène 3

Frère Laurent vient rapporter à Roméo la décision du Prince. Il lui reproche son ingratitude car le jeune homme voit dans son bannissement un châtiment pire que la mort alors que c'est une grâce de la part du Prince. En effet, le jeune homme ne peut supporter l'idée de vivre là où Juliette n'est pas. La nourrice arrive alors et leur apprend que Juliette est dans le même état pitoyable que son époux. En apprenant cela, Roméo qui se croit haï tente de se donner la mort, mais frère Laurent intervient et désapprouve son comportement qui n'est pas celui d'un homme raisonnable. Il convainc le jeune homme qu'il a dans son infortune beaucoup plus de chance qu'il ne croit et l'invite à se réfugier à Mantoue jusqu'à ce que le moment propice pour révéler leur mariage survienne, qu'on puisse réconcilier les familles et implorer le pardon du Prince. La nourrice donne à Roméo une bague que Juliette lui a confiée pour lui et sort. Roméo remercie le frère et les deux homes se séparent.

Scène 4

Chez les Capulet, les parents de Juliette s'entretiennent avec Pâris. Comme il sont en deuil, le temps n'est pas à l'amour, mais le vieux Capulet, assuré de l'obéissance de sa fille, fixe son mariage avec Pâris au prochain jeudi.

Scène 5

Roméo et Juliette qui ont passé la nuit ensemble ont du mal à se séparer. Finalement, la nourrice vient annoncer à Juliette la venue de sa mère et Roméo sort. En se quittant, les deux amants déplorent leur infortune et Juliette dit pressentir quelque mauvais dénouement. Elle compare même le visage de Roméo qui s'en va à celui d'un mort. Lady Capulet entre à son tour. La mère et la fille se désolent de la mort de Tybalt et Juliette fait mine de détester Roméo et de souhaiter sa mort. Lady Capulet lui annonce ensuite son mariage prochain avec Pâris. La jeune fille refuse au moment où entre son père. En la voyant persévérer dans son refus, il entre dans une rage noire et va même jusqu'à l'insulter. Il la répudiera si elle n'épouse pas Pâris. Une fois ses parents sortis, Juliette demande conseil à la nourrice qui lui dit de garder son secret et d'épouser Pâris. Roméo banni, personne n'en saurait jamais rien. Juliette fait semblant d'accepter sa proposition et manifeste tout son ressentiment contre la nourrice dès que celle-ci sort. Elle prend le parti de se rendre chez le frère Laurent pour qu'il lui donne de meilleurs conseils.

Acte IV

Scène 1

Pâris demande à frère Laurent de le marier à Juliette ce que celui-ci désapprouve sous prétexte que la dame n'a pas été consultée. Juliette entre et Pâris les laisse afin qu'elle puisse se confesser. Ne sachant que faire, Juliette vient le consulter en dernier recours et déclare être prête au suicide si le frère ne l'aide pas à trouver une solution pour ne pas épouser Pâris. Il lui propose de simuler la mort plutôt que de se la donner véritablement et Juliette, prête à tout pour éviter ce que son père a prévu, accepte. Elle devra boire un poison une fois au lit, qui la fera passer pour morte pendant 42 heures. Elle sera transportée au tombeau des Capulet où Roméo, prévenu par courrier, viendra la chercher. Ils se quittent, résolus à mener à bien ce seul espoir.

Scène 2

Lady Capulet, la Nourrice et des serviteurs préparent le mariage de Juliette et Pâris quand la jeune fille rentre de confesse. Elle fait semblant de se résoudre à la volonté de ses parents. Ces derniers s'en réjouissent.

Scène 3

Juliette, supposée se marier le lendemain, chasse sa mère et sa nourrice au moment d'aller au lit, malgré sa terreur à l'idée de boire le poison, des effets qui pourraient en résulter et d'être enfermée dans un caveau. Tout à sa peur, elle voit apparaître le spectre de Tybalt et boit le contenu de la fiole en l'honneur de Roméo. Elle s'effondre alors sur son lit.

Scène 4

La maison Capulet est en ébullition pour le mariage de Juliette. Son père envoie finalement la nourrice la réveiller.

Scène 5

La nourrice tente de réveiller Juliette allongée sur le lit dans sa robe de mariée. Découvrant sa « mort », la famille et la nourrice se lamentent alors sur son sort. Rejoints par Pâris, tous laissent libre cours à leur désespoir jusqu'à ce qu'ils soient rappelés à plus de mesure par le frère Laurent. Il demande qu'on dépose du romarin sur sa dépouille (c'est la fleur de Roméo) et qu'on se prépare pour le service funéraire. La scène se termine sur une altercation et un envol de jeux de mots entre Pierre, serviteur de la nourrice et des musiciens venus pour le mariage.

Acte V

Scène 1

Balthazar vient apprendre à Roméo la mort de Juliette, il décide se rendre chez l'apothicaire afin de se procurer un poison. Une fois qu'il l'a obtenu malgré la répulsion de l'apothicaire à le lui vendre, il décide de s'acheminer vers le tombeau de Juliette où il veut en faire usage.

Scène 2

Frère Jean vient dire à frère Laurent qu'il n'a pas pu porter à Roméo la lettre qui devait lui annoncer la démarche de Juliette à cause d'une suspicion d'épidémie de peste. Frère

Laurent décide alors d'envoyer une nouvelle lettre à Mantoue et d'aller lui-même chercher Juliette au tombeau des Capulet.

Scène 3

Alors que Pâris se lamente sur la tombe de Juliette, son page le prévient qu'on vient. Il a le temps de se cacher et Roméo fait son apparition sur scène. Alors qu'il force l'entrée du tombeau pour rejoindre Juliette, Pâris, croyant qu'il veut profaner la tombe de sa bien aimée, l'attaque. Roméo lui porte un coup mortel, mais avant de périr, Pâris lui fait jurer de l'étendre auprès de Juliette. En voyant la jeune fille, Roméo se livre à une longue tirade décrivant sa beauté. Il l'embrasse une dernière fois puis boit le poison. Frère Laurent arrive et trouve Balthazar à la porte du tombeau qui lui dit que son maître lui a défendu d'entrer. Il y pénètre au moment où Juliette se réveille et devant le triste spectacle qu'il découvre, lui conseille de fuir avec lui. Mais Juliette ne le suit pas. Elle embrasse Roméo dans l'espoir de recueillir des restes de poison sur ses lèvres, puis comme c'est inefficace, se poignarde avec la lame du jeune homme. Des gardes entrent alors et découvrent la scène avec tristesse et effroi. Les Montaigu, les Capulet et le Prince arrivés sur la scène déplorent ce triste spectacle. Frère Laurent avoue alors au Prince toute l'histoire. Devant une telle tragédie, les parents Montaigu et Capulet se réconcilient.

LES RAISONS
DU SUCCÈS

On ignore quand la pièce fut jouée pour la première fois, mais il est vraisemblable que Shakespeare en ait commencé la rédaction vers 1591. La première édition anglaise en in-quarto date de 1597 mais la pièce a probablement été jouée avant si l'on en croit cette édition : « It hath been often (and with great applause) plaid publiquely ». *Roméo et Juliette* rencontre en effet, un immense succès du vivant de l'auteur. Il s'agit même d'une des premières pièces de Shakespeare à avoir été jouée à l'étranger de son vivant. Au sein de l'œuvre de Shakespeare, elle est sa première tragédie amoureuse (il écrit surtout des drames historiques et des comédies avant *Roméo et Juliette*) et par sa forme un peu hybride, occupe une place assez unique dans la production théâtrale de l'auteur.

Pour comprendre le succès et la postérité de l'œuvre, il faut don, plutôt que de s'interroger sur ce que la pièce re-présente dans l'économie de la production Shakespearienne, voire ce qu'elle ers au regard du mythe de amants éternels. En effet, le succès de la pièce s'explique par la filiation de ce mythe et sa sacralisation poétique dans l'œuvre du dra-maturge anglais. Plus qu'une origine esthétique, il faut com-prendre son origine narrative qui l'élève au rang de mythe et qui rend justement l'œuvre de Shakespeare si impor-tante car elle la marque d'une esthétique bien particulière.

La pièce s'inscrit dans la grande lignée du mythe des amants éternels et de la passion malheureuse né en Occi-dent avec la légende de Tristan et Yseult. La pièce trouve probablement sa source dans le mythe antique de Pyrame et Thisbée qu'Ovide rapporte dans ses *Métamorphoses*. Là encore, il s'agit d'une histoire d'amour impossible où les deux amants trouvent la mort par méprise, croyant que l'être aimé a perdu la vie. L'intrigue est ensuite reprise par divers auteurs italiens dont Luigi da Porto qui le premier, nomme ses héros « Giulietta » et « Romeo » et s'inspire d'Ovide et de Boccace. Matteo Bandello reprend cet écrit en 1554, mais il y étoffe les personnages secondaires. Elle est traduite en français, ce qui explique peut être comment elle est parvenue jusqu'à Shakespeare, puisque la première reprise anglaise date de 1562 et est constitue un remaniement direct de la traduction française. Arthur Brooke publie ainsi *The Tragical History of Romeus and Juliet*, qui inspirera Shakespeare. C'est dans son œuvre que le mythe trouve véritablement son expression la plus poétique et la plus aboutie. Elle a permis de lui donner une forme ce qui l'a fait perdurer à travers les siècles jusqu'à ce qu'il acquiert la renommée qu'il a aujourd'hui. La postérité de la pièce est donc remarquable.

Si la pièce a connu des revers en raison de sa moralité jugée douteuse entre le XVIIIe et le XIXe siècle, c'est donc finalement la version de Shakespeare qui s'est imposée comme le standard de l'intrigue. Le mythe transmis par Shakespeare s'est donc adapté au goût des siècles si bien qu'au XXe, elle a donné naissance à des spectacles à très grands succès comme la comédie musicale *West Side Story* dans les années 1950 et le film *Roméo+Juliette* de Baz Luhrmann en 1996.

LES THÈMES
PRINCIPAUX

L'amour

La passion

L'amour est bien sûr le thème par excellence dans Roméo et Juliette au point qu'il en est devenu proverbial. Il est omniprésent dans la pièce à tous les niveaux. Le plus évident est bien sûr l'amour passionnel des amants, mais la pièce met aussi en scène l'amour familial dans toute sa violence.. Il est par exemple exacerbé à l'excès dans les propos de lady Capulet lorsqu'elle apprend la mort de Tybalt et réclame justice au Prince (III,1), alors qu'elle tentait désespérément de mettre fin aux querelles familiales au début de l'acte I. Cet amour exacerbé en devient presque suspect. Il semble que la passion règne partout à Vérone et que les personnages soient incessamment pris au piège de l'amour.

Ainsi, si on peut suspecter que lady Capulet est amoureuse de Tybalt, Roméo aime tour à tour Rosaline qu'on dit courtisée par Tybalt (III, 1) et Juliette qui est elle-même aimée de Pâris. Qu'il s'agisse des maîtres ou des serviteurs, les jeux de mots grivois fusent entre les personnages, aussi bien entre Grégoire et Samson à l'ouverture de la pièce, qu'entre Roméo et Mercutio (III, 2) ou qu'entre Mercutio et la nourrice dans la même scène, bien qu'elle n'ait pas vraiment la répartie nécessaire pour se défendre. Les sentiments des personnages s'expriment vivement, ils ressentent tout à fleur de peau comme Benvolio l'explique à Mercutio (III, 2) et tombe facilement amoureux.

L'inconstance

La pièce est donc une véritable intrication de passions contraires. Même la haine ancestrale qui sépare les deux familles semble ne perdurer que paradoxalement, par un amour de la haine que les personnages entretiennent pour donner un exutoire à leur vivacité. Les pères la conservent pour garder l'illusion de leur jeunesse, le passé étant par exemple une obsession pour le vieux Capulet qui en discute avec son cousin (I, 5). Et de leur côté, les jeunes gens l'entretiennent par gout du risque, du combat et un manque de discernement qui les empêche tous, sauf Benvolio, sans doute le plus perspicace d'entre eux, de saisir le danger potentiel de la situation. Cette atmosphère passionnée et instable qui conduit à des amours passionnelles, a d'ailleurs été explicitement mis en scène dans le film de Baz Lhurmann où Mercutio est amoureux de Roméo et Lady Capulet, l'amante de Tybalt. Cette omniprésence de la passion explique aussi son inconstance. Si l'amour de Roméo et Juliette est éternel c'est parce qu'il est immortalisé dans la mort. Il en reste néanmoins très bref, ne durant pas plus de quelques jours sur la chronologie globale de la pièce. Dans le temps même de la représentation, alors que le prologue annonce que le spectacle dur « deux heures », le public a néanmoins le temps de voir Roméo déclarer successivement sa passion pour deux jeunes femmes, et Juliette se détourne de Pâris qu'elle pensait pouvoir aimer, pour s'éprendre de Roméo. Frère Laurent reproche d'ailleurs son inconstance au jeune homme (II) mais rien n'y fait. Cette inconstance est à la fois l'effet et la cause de la force de la passion qui règne à Vérone.

Douleur de l'amour et violence

Mais cet amour passionnel et irrépressible revient à l'étymologie du mot. En effet, « passion » veut d'abord dire souffrance et ici, l'amour est clairement inséparable de la douleur et de la violence. C'est d'ailleurs ainsi que le présente Roméo dès sa première apparition en scène (I, 1). Il décrit même l'amour comme une maladie ou une blessure. Les autres personnages dressent d'ailleurs de lui le portrait d'un jeune homme mélancolique avant qu'il fasse sa première entrée sur scène. Son amour pour Rosaline qui est donc une douleur sourde, sans passion et sans violence puisque la jeune fille reste sourde à ses prières, ne peut pas durer dans son jeune cœur. En revanche, Juliette qui brûle comme lui d'un amour violent, ravive constamment sa passion. Les jeunes amours de Vérone ne peuvent exister qu'à cette condition. Benvolio l'explique d'ailleurs à Roméo dans l'acte I, puis Roméo le démontre à son tour à frère Laurent dans l'acte II. Il faut pour aimer trouver un écho à son affection dans le cœur de la personne aimée. Mais ici, il semblerait que cet écho ne puisse se passer de violence. Ensemble, les amants sont tendres et doux, mais loin l'un de l'autre, ils se comportent comme des « bêtes », le mot est utilisé par frère Laurent pour qualifier l'attitude désespérée de Roméo lorsqu'il apprend son bannissement. Chacun leur tour, ils mentionnent par exemple un projet de suicide. Les deux scènes se font d'ailleurs écho puisqu'elles ont lieux chez frère Laurent et impliquent un poignard, objet par lequel Juliette se donnera finalement la mort.

Enfin, les méthodes auxquelles les amants recourent pour vivre leur passion sont pour le moins violentes. Il est remarquable par exemple qu'ils désobéissent à leurs parents au point de se marier secrètement. Leur union d'ailleurs, se fait non seulement en brisant l'ordre de leurs familles, mais en brisant le règles mêmes de la bienséance puisque Roméo ne rejoint jamais Juliette que par effraction, c'est-à-dire entrant par la force où la ruse en des lieux où il ne devrait pas se trouver et qui appartiennent à l'intimité des Capulet : le bal, le jardin des Capulet, la chambre de Juliette, le caveau des Capulet et même par métonymie, le poignard dans la poitrine de Juliette. On peut reconnaître dans la violence de ce modèle de pénétration une nouvelle métaphore sexuelle qui croise la violence sentimentale avec la force du désir charnel.

La mort

Le thème de la mort va de pair avec celui de la passion et s'insinue jusque dans ses plus profonds aspects. La pièce s'ouvre sur le prologue qui lie ostensiblement l'amour et la mort, et ce dans un même vers : « Le cours d'un amour destiné à la mort. » La passion est trop violente pour ne pas impliquer une fin tragique. En effet, las amants s'aiment d'autant plus que leur amour est interdit, ils s'adorent par goût du danger, mais c'est aussi cet interdit qui fait qu'ils ne peuvent pas connaître une union heureuse. La mort est donc évoquée dès le début de la pièce. Elle plane comme une ombre au dessus du destin des personnages, mais reste encore incertaine. Avant la mort de Mercutio, qui marque l'entrée définitive et inéluctable dans la tragédie, l'amour et l'intrigue peuvent encore être heureux. On observe donc dans la première moitié de l'œuvre, une oscillation entre la décrépitude et la mort, symbolisée par les personnages âgés comme le vieux Capulet, Montaigu qui s'aide de béquilles, ou la nourrice qui n'a plus que quatre dents comme elle le déclare elle-même (I, 3), et la jeunesse, la fécondité, que l'on retrouve dans les paroles que lady Capulet adresse à Juliette la veille du bal ou dans les blagues grivoises. On trouve un écho de cette dualité dans les paroles de frère Laurent qui déclare (II, 2) que « la tombe où tout repose est le ventre où tout naît ». Mais il ignore encore combien ses paroles sont prophétiques puisque c'est effectivement dans le caveau des Capulet qu'est manifesté l'amour eternel de Roméo et Juliette et que naissent la paix de Vérone et le mythe.

L'amour et la mort vont constamment de pair. Juliette, au lendemain de sa nuit d'amour avec Roméo, compare le visage de celui qui la quitte à celui d'un mort. De plus, Roméo mentionne souvent l'étreinte de la mort, image que Juliette reprend elle-même et qui prend tout son sens, puisque la mort est en moyen anglais un mot masculin. Le vieux Capulet en voyant Juliette inanimée sur son lit parce qu'elle a bu la fiole du frère Laurent, dit même qu'elle a été « déflorée par la mort » (IV, 5). Mais si elle plane simplement au début de la pièce, elle devient matérielle et bien trop réelle en son centre, dans l'acte III, créant un renversement dramatique avec la double mort de Mercutio et de Tybalt. Dès lors, c'est elle qui scelle les enjeux et la pièce, tombée dans le tragique le plus total car il interdit définitivement l'amour de Roméo et Juliette, ne peut se résoudre que par elle. Le changement de ton et de rythme est manifeste entre ces deux parties et on passe presque de la comédie légère et grivoise à la tragédie la plus sombre. L'amour n'est plus un jeu de galanterie, mais un enjeu fatal. Eros (l'amour, surtout charnel) avance ainsi main dans la main avec Thanatos (la mort).

La loi

La loi est un thème sous-jacent de la pièce, mais qui agit directement sur le dénouement de l'intrigue. En effet, plusieurs lois s'opposent dans la pièce : il y d'abord la loi de Vérone, énoncée par le Prince. C'est une loi juste mais qui ne peut pas satisfaire les amants. Roméo par exemple, déplore infiniment son bannissement qu'il juge pire que la mort bien que le Prince lui ait fait là une « grâce insigne » ainsi que le lui explique frère Laurent (III, 3). C'est une loi implacable, qui devrait prédominer sur toutes les autres, mais qui ne semble pas juste ni satisfaisante parce qu'elle est subordonnée à d'autres lois qui ne sont pas guidée par la raison et la justice mais par le désordre des passions. Ainsi, la pièce met aussi en scène les lois familiales. En effet, la règle à Vérone veut que les Capulet et les Montaigu se haïssent, peu importe la raison. En effet, si le prologue explique cette haine par la permanence d'« anciennes querelles », on ne connaît pas les raisons exactes de cette haine et il y a fort à parier que les jeunes gens qui se battent dans les rues de Vérone ne les connaissent pas non plus. L'opposition des deux maisons est héréditaire, c'est un état de fait, un ordre qui n'est remis en question que par les personnages sages de la pièce, ceux qui font preuve d'un peu de discernement comme le Prince, Benvolio, dont le nom signifie en italien « bonne volonté », et frère Laurent qui donne néanmoins une expression dangereuse à ses bonnes intentions.

Mais surtout, de ces lois, découle la règle qui régit la pièce et qui est la loi du cœur établie par les amants. Indifférents aux règles qu'ils transgressent perpétuellement, ils suivent leur propre chemin et essaient de réaliser leurs désirs en dépit des règles du monde qui les entoure. Ils s'aiment en dépit de la loi familiale et dépassent les impératifs les plus élémentaires (Roméo s'introduit en secret chez Juliette, Juliette proclame son amour en dépit de la volonté de son père de la voir épouser Pâris, *etc.*). Ils vont même à l'encontre des lois naturelles en jouant avec la mort, ce qui leur est d'ailleurs fatal. Frère Laurent lui-même par le maniement de ses potions et plantes, s'oppose d'une certaine manière aux lois de la nature et même dans cette perspective, à la loi divine. Il pourrait être taxé d'*hybris* (suffisance) par ses tentatives de résoudre une situation en proclamant des amours interdites et en jouant les démiurges, faisant et contrefaisant les décès. En réalité, le déchaînement des passions fait que personne ne maîtrise rien, comme les deux familles l'apprennent à leurs dépens avec la mort de leurs enfants.

ÉTUDE DU MOUVEMENT LITTÉRAIRE

Probablement le plus grand écrivain de langue anglaise qui ait jamais été, il est impossible de rattacher Shakespeare à un mouvement littéraire. En raison de l'époque à laquelle il écrit et de sa très grande fantaisie, il recrée une esthétique à lui seul, et même, une esthétique qui n'est pas conditionnée par des règles. Car si des rapprochements sont possibles entre ses pièces ou ses poèmes, il n'y a pas vraiment d'unité artistique dans son œuvre. C'est d'ailleurs pour cette raison que certains ont pu penser qu'il était impossible que Shakespeare soit un seul auteur mais devait nécessairement être un collectif.

Shakespeare écrit néanmoins à l'époque du théâtre élisabéthain, qui sans être un mouvement littéraire, regroupe certaines caractéristiques et s'inspire des mystères médiévaux et de la commedia dell'arte italienne dont on retrouve des influences chez Shakespeare. Ce théâtre interdit les troupes, accusées de vagabondage, et crée donc des compagnies théâtrales plus ou moins implantées dans certaines villes ou certains théâtres. Ce théâtre s'adresse à la cour comme au peuple et interdit la présence de femmes sur scène. Tous les rôles sont donc joués par des hommes et le premier interprète de Juliette fut donc un jeune homme. La scène se compose généralement d'un plateau ouvert à deux niveaux (dans Roméo et Juliette par exemple, le niveau supérieur a pu être utilisé comme balcon). Il n'y a pas cependant véritablement d'unité stylistique de ce théâtre.

Néanmoins, nous tenterons d'identifier les esthétiques de l'époque qui trouvent un écho dans sa pièce.

Le baroque

Tout d'abord, on peut souligner certains aspects baroques de son écriture. Le baroque n'est pas un mouvement littéraire à proprement parler mais une esthétique. Elle se manifeste par l'éclat, le mouvement et souvent la surcharge. Dans la première partie de la pièce à la tonalité comique, on retrouve par exemple le baroque dans la grande fantaisie des débordements langagiers et poétiques des personnages. Par exemple, les élucubrations hallucinées de Mercutio à propos de la reine Mab (I, 4), rappellent les pièces féeriques de Shakespeare, comme *Le Songe d'une Nuit d'été* par exemple, écrit à peu près à la même période.

Les spectacles populaires

On retrouve également des caractéristiques de la comédie populaire et des spectacles traditionnels très en vogue durant la Renaissance anglaise. Ainsi des personnages comme les serviteurs ou la nourrice qui se plaisent à prononcer des jeux de mots grivois et se rendent parfois un peu ridicules, rappellent ces spectacles. Mais plus encore, on peut noter la présence d'éléments populaires et de fêtes comme la « Saint-Pierre-aux-Liens » (I, 3), mentionnée par la nourrice pour mesurer le temps, ce qui dénote son appartenance à une culture et des célébrations populaires. Ainsi, l'effervescence du début de la pièce peut elle se rapprocher des ambiances joyeuses et survoltées qui sont mises en scène dans les spectacles donnés à de telles occasions.

Tradition de la joute verbale

Mais Shakespeare déguise bien sûr ces éléments populaires par une grande maîtrise du langage et même un intellectualisme parfois ostensiblement exhibé. Ainsi, Roméo et Mercutio se livrent par exemple à une véritable joute verbale, pour le seul plaisir intellectuel du jeu. Ils y prennent manifestement grand gout (II, 3). De tels échanges, malgré leur sujet grivois qui les destine donc à tous les publics et les rend comiques, empruntent donc à la tradition des joutes verbales qui reprend les antiques disputes scolastiques et l'esthétique des discussions galantes de la cour et des gentilshommes instruits, même s'ils doivent être vus comme des parodies. Bien sûr, le sujet n'est pas sérieux, ce qui souligne la jeunesse et l'insouciance des personnages et rend d'autant plus surprenante la querelle et la mort qui suivent de peu cette discussion.

Le « Masque »

Un autre élément de l'esthétique de cour peut être trouvé dans le motif du bal, qui fait signe vers la tradition des spectacles de cour. A l'époque de Shakespeare, on donnait à la cour royale des représentations spectaculaires et très onéreuses impliquant de la musique et des costumes somptueux et auxquels les membres de la famille royale participaient parfois eux-mêmes. De tels spectacles sont appelés des « Masques ». On retrouve clairement un écho de cette tradition à la scène du bal des Capulet où les Montaigu qui parviennent à s'introduire clandestinement grâce à leurs déguisements sont accueillis chaleureusement car les « masques » sont censés apporter un divertissement à la société dans laquelle ils entrent.

La poésie et la rhétorique pétrarquiste

Il faut également reconnaître dans la pièce des influences poétiques. Plusieurs passages, notamment les moments les plus beaux et les plus émouvants comme la rencontre de Roméo et Juliette, sont écrit sous forme de sonnets. De plus l'écriture de la pièce réserve un traitement tout particulier au balancement harmonieux du vers et au jeu des sonorités. Ainsi, on trouve par exemple dans la pièce beaucoup de « O » qui sont à la fois un écho du nom de Roméo et un symbole pour Shakespeare du sexe féminin. La sonorité « r » est également largement employée et rappelle l'initiale du héros. Enfin, on trouve dans la rhétorique des amants des échos à la poésie pétrarquiste alors très en vogue en Europe qui souligne et poétise la passion violente des amants. Il ne faut pas pour autant confondre l'amour représenté ici avec les poncifs à la mode à l'époque de Shakespeare. Ainsi, le cliché de l'amoureux, mélancolique et transi qui se complait dans une certaine « pose » désenchantée n'est repris que parodiquement, comme si justement, Shakespeare cherchait d'autant plus à le rejeter. Ainsi, si c'est l'attitude initiale de Roméo lorsqu'il exprime son amour pour Rosaline, il est véritablement survolté dans son amour pour Juliette. A cette amourette un peu forcée se substitue donc une passion plus juvénile, plus spontanée et donc plus sincère et plu forte. L'opposition de ces deux esthétiques amoureuses souligne la force de la passion de Roméo et Juliette.

DANS LA MÊME COLLECTION
(par ordre alphabétique)

- **Anonyme**, *La Farce de Maître Pathelin*
- **Anouilh**, *Antigone*
- **Aragon**, *Aurélien*
- **Aragon**, *Le Paysan de Paris*
- **Austen**, *Raison et Sentiments*
- **Balzac**, *Illusions perdues*
- **Balzac**, *La Femme de trente ans*
- **Balzac**, *Le Colonel Chabert*
- **Balzac**, *Le Lys dans la vallée*
- **Balzac**, *Le Père Goriot*
- **Barbey d'Aurevilly**, *L'Ensorcelée*
- **Barbey d'Aurevilly**, *Les Diaboliques*
- **Bataille**, *Ma mère*
- **Baudelaire**, *Les Fleurs du Mal*
- **Baudelaire**, *Petits poèmes en prose*
- **Beaumarchais**, *Le Barbier de Séville*
- **Beaumarchais**, *Le Mariage de Figaro*
- **Beauvoir**, *Mémoires d'une jeune fille rangée*
- **Beckett**, *Fin de partie*
- **Brecht**, *La Noce*
- **Brecht**, *La Résistible ascension d'Arturo Ui*
- **Brecht**, *Mère Courage et ses enfants*
- **Breton**, *Nadja*
- **Brontë**, *Jane Eyre*
- **Camus**, *L'Étranger*
- **Carroll**, *Alice au pays des merveilles*
- **Céline**, *Mort à crédit*
- **Céline**, *Voyage au bout de la nuit*

- **Chateaubriand**, *Atala*
- **Chateaubriand**, *René*
- **Chrétien de Troyes**, *Perceval*
- **Cocteau**, *Les Enfants terribles*
- **Colette**, *Le Blé en herbe*
- **Corneille**, *Le Cid*
- **Crébillon fils**, *Les Égarements du cœur et de l'esprit*
- **Defoe**, *Robinson Crusoé*
- **Dickens**, *Oliver Twist*
- **Du Bellay**, *Les Regrets*
- **Dumas**, *Henri III et sa cour*
- **Duras**, *L'Amant*
- **Duras**, *La Pluie d'été*
- **Duras**, *Un barrage contre le Pacifique*
- **Flaubert**, *Bouvard et Pécuchet*
- **Flaubert**, *L'Éducation sentimentale*
- **Flaubert**, *Madame Bovary*
- **Flaubert**, *Salammbô*
- **Gary**, *La Vie devant soi*
- **Giraudoux**, *Électre*
- **Giraudoux**, *La Guerre de Troie n'aura pas lieu*
- **Gogol**, *Le Mariage*
- **Homère**, *L'Odyssée*
- **Hugo**, *Hernani*
- **Hugo**, *Les Misérables*
- **Hugo**, *Notre-Dame de Paris*
- **Huxley**, *Le Meilleur des mondes*
- **Jaccottet**, *À la lumière d'hiver*
- **James**, *Une vie à Londres*
- **Jarry**, *Ubu roi*
- **Kafka**, *La Métamorphose*
- **Kerouac**, *Sur la route*
- **Kessel**, *Le Lion*

- **La Fayette**, *La Princesse de Clèves*
- **Le Clézio**, *Mondo et autres histoires*
- **Levi**, *Si c'est un homme*
- **London**, *Croc-Blanc*
- **London**, *L'Appel de la forêt*
- **Maupassant**, *Boule de suif*
- **Maupassant**, *Le Horla*
- **Maupassant**, *Une vie*
- **Molière**, *Amphitryon*
- **Molière**, *Dom Juan*
- **Molière**, *L'Avare*
- **Molière**, *Le Malade imaginaire*
- **Molière**, *Le Tartuffe*
- **Molière**, *Les Fourberies de Scapin*
- **Musset**, *Les Caprices de Marianne*
- **Musset**, *Lorenzaccio*
- **Musset**, *On ne badine pas avec l'amour*
- **Perec**, *La Disparition*
- **Perec**, *Les Choses*
- **Perrault**, *Contes*
- **Prévert**, *Paroles*
- **Prévost**, *Manon Lescaut*
- **Proust**, *À l'ombre des jeunes filles en fleurs*
- **Proust**, *Albertine disparue*
- **Proust**, *Du côté de chez Swann*
- **Proust**, *Le Côté de Guermantes*
- **Proust**, *Le Temps retrouvé*
- **Proust**, *Sodome et Gomorrhe*
- **Proust**, *Un amour de Swann*
- **Queneau**, *Exercices de style*
- **Quignard**, *Tous les matins du monde*
- **Rabelais**, *Gargantua*
- **Rabelais**, *Pantagruel*

- **Racine**, *Andromaque*
- **Racine**, *Bérénice*
- **Racine**, *Britannicus*
- **Racine**, *Phèdre*
- **Renard**, *Poil de carotte*
- **Rimbaud**, *Une saison en enfer*
- **Sagan**, *Bonjour tristesse*
- **Saint-Exupéry**, *Le Petit Prince*
- **Sarraute**, *Enfance*
- **Sarraute**, *Tropismes*
- **Sartre**, *Huis clos*
- **Sartre**, *La Nausée*
- **Senghor**, *La Belle histoire de Leuk-le-lièvre*
- **Shakespeare**, *Hamlet*
- **Shakespeare**, *Macbeth*
- **Steinbeck**, *Les Raisins de la colère*
- **Stendhal**, *La Chartreuse de Parme*
- **Stendhal**, *Le Rouge et le Noir*
- **Verlaine**, *Romances sans paroles*
- **Verne**, *Une ville flottante*
- **Verne**, *Voyage au centre de la Terre*
- **Vian**, *J'irai cracher sur vos tombes*
- **Vian**, *L'Arrache-cœur*
- **Vian**, *L'Écume des jours*
- **Voltaire**, *Candide*
- **Voltaire**, *Micromégas*
- **Zola**, *Au Bonheur des Dames*
- **Zola**, *Germinal*
- **Zola**, *L'Argent*
- **Zola**, *L'Assommoir*
- **Zola**, *La Bête humaine*
- **Zola**, *Nana*
- **Zola**, *Pot-Bouille*